AF240173

A MONSIEUR LE PRÉSIDENT

ET

A MESSIEURS LES MEMBRES

DU CONSEIL

du Domaine privé du Roi,

FORMANT AUPARAVANT LE CONSEIL DE LA MAISON D'ORLÉANS.

MESSIEURS,

Après avoir épuisé sans succès auprès de M. le duc d'Orléans, aujourd'hui roi des Français, toutes les supplications possibles pour obtenir des juges et d'être renvoyé devant son conseil, si le prince avait à me reprocher un fait contraire à la probité, je me décidai à faire paraître un mémoire justificatif à mes concitoyens, que j'eus l'honneur de vous adresser. J'avais borné là mes infructueuses poursuites. Que pouvais-je de plus dans ma faible position, avec la puissance du rang qui m'écrasait?..... Je n'aurais pas franchi cette limite, si de nouvelles circonstances, dont je vais rendre compte, ne me forçaient pas à recourir à votre intervention pour supplier la reine de résister à l'influence pernicieuse de l'homme qui a sa confiance, qui est mon en-

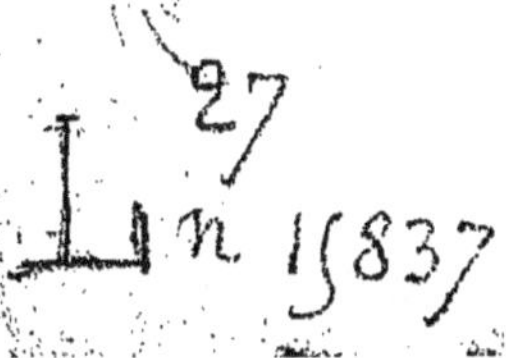

nemi, et qui l'empêche de remplir les promesses que j'ai reçues.

Vous avez sans doute ignoré, Messieurs, ce qui s'est passé à l'époque où la santé de M. de Broval, devenant plus mauvaise en 1828, l'engagea à demander pour le suppléer la formation d'une commission administrative. Il protégeait depuis long-temps M. Oudard, homme servilement adroit, insinuant, qu'il appelait son fils. Il l'avait fait nommer chef du secrétariat, puis secrétaire particulier de S. A. R. madame la duchesse d'Orléans; enfin il le présenta, et il fut nommé membre de cette commission avec MM. Jamet, receveur-général, et Deviolaine, conservateur des forêts. Comme c'était un passe-droit, M. Badouix, directeur des domaines, et moi, nous réclamâmes vivement auprès du prince contre ce choix, et surtout contre l'inexpérience, pour ne pas dire plus, de celui qui en était l'objet. Nous ne fûmes pas écoutés; mais, dès ce moment, MM. Oudard et Jamet s'unirent pour nous expulser de nos emplois. Ce dernier devait à l'autre sa nomination, il connaissait son influence et il n'aimait pas M. Badouix, avec qui il avait eu des discussions. M. Oudard, très ambitieux, voulait faire son chemin à tout prix. Les prétextes ont manqué contre M. Badouix, jusqu'à la révolution de 1830; alors on sut en profiter, et on l'éloigna en le nommant préfet. M. Oudard obtint sa place de directeur des domaines, comme il avait su s'emparer de la mienne. Moins heureux que M. Badouix, je fus leur victime.

Il semble qu'après ce triomphe on n'a plus qu'à jouir en paix du succès qu'on a obtenu, et qu'on devrait cesser de poursuivre avec acharnement l'homme qu'on a renversé par des moyens que la délicatesse réprouve. Il n'en est rien : en toute occasion, ce même esprit malfaisant parvient à arrêter la main bienveillante qui m'est tendue, et à rendre nulles les promesses que j'ai reçues.

Après cet exposé préalable, je vais donner la preuve de leurs indignes manœuvres. Ma campagne aux Thernes, *sur la route de Neuilly*, servit merveilleusement l'attaque qu'ils méditaient. Je n'ai pas d'enfant; je remplissais depuis trente ans des places lucratives. On s'étonna cependant de ce que je consacrais soixante ou quatre-vingt mille francs à acheter un terrain productif et à bâtir une maison. Privé de mon emploi, j'ai été obligé de vendre à perte ma campagne; mes délateurs doivent être satisfaits. La calomnie agissait sourdement, on parlait au prince de mes constructions, on grossissait les dépenses: on les enflait sans mesure: il me crut des trésors; le coup était porté.

Cependant, pour prendre un parti violent contre moi, il fallait une certitude d'infidélité. On n'attaque pas l'honneur d'un homme qui a donné des preuves incontestables de dévouement pendant quatorze ans, sans un motif très grave. Alors mes ennemis furent chargés d'explorer ma gestion, d'épier ma conduite. Ils ne découvrirent aucun sujet de blâme dans les affaires ordinaires; mais en allant fouiller dans les procès-verbaux de vente des commissaires-priseurs, ils trouvèrent sur deux procès-verbaux des différences dans les prix adjugés quatre ans auparavant, avec ceux portés en dépense, et que j'avais fait payer. Ils s'emparèrent de ces faits, les empoisonnèrent; et malgré cela, lorsqu'ils en rendirent compte, le prince présumant que j'avais des moyens victorieux de défense, et trouvant d'ailleurs l'accusation de trop faible importance, ne voulut pas y donner suite. Il fallait un fait positif et incontestable. Mes ennemis se concertèrent, et ils imaginèrent un moyen qui fut agréé, de tendre un piége à ma probité. Malheur à moi, si j'y succombais ! La confiance serait alors détruite, mon renvoi prononcé sans pitié, et mon existence entièrement perdue.

M. Jamet se chargea de cette iniquité, et voici quelle fut cette ténébreuse machination :

A l'occasion de la mort du jeune duc de Penthièvre, le prince ordonna qu'il fût remis des fonds pour les honoraires des médecins qui l'avaient soigné, et il voulut qu'ils fussent payés chez eux pour leur éviter l'embarras de se présenter à la caisse avec des mandats. Je fus choisi parce que j'avais un cabriolet à mes ordres ; cela me parut naturel. Il était rare que je fusse chargé d'un paiement ; c'était l'affaire du receveur-général. En conséquence, je reçus six à sept mille francs en billets de banque, pour être distribués à MM. les médecins d'après l'état arrêté par le prince. M. Jamet ajouta avec adresse, *dit-on*, à ces billets un billet de mille francs pour voir si je le rendrais, ou si j'aurais l'indélicatesse de le garder. L'épreuve m'a été fatale. Deux millions déposés en mes mains ne m'ébranlèrent pas pendant que M. le duc d'Orléans, chassé de France, partageait la proscription de tous les Bourbons ; un seul billet de banque m'a séduit : je suis tombé.

Quand un homme accepte un pareil rôle, est-on bien certain de la fidélité avec laquelle il le remplit? Ce qu'il y a de positif, c'est que le billet a disparu et que le prince a été persuadé que j'en avais fait mon profit. Dès-lors ma disgrâce s'en est suivie, et comme on n'a pas voulu avouer cet infernal piége, on a mis en avant pour m'éloigner les différences dans les prix reconnus chez les commissaires-priseurs. Pour me justifier j'ai donné une lettre de la reine, des quittances, des explications qui éclaircissaient toutes choses ; je n'ai pas été écouté. On a pris toutes ces pièces, on n'a plus voulu me les rendre ; on a refusé de renvoyer au conseil l'examen de ces griefs et de tels autres qu'on pourrait avoir ; et, quoique j'aie fait jusqu'à présent, je n'ai pu obtenir de juges si je suis coupable.

C'est le 11 décembre dernier, cinq ans après ma disgrâce, que j'ai appris l'histoire de ce piége abominable. Je ne suis plus surpris des paroles du prince à mon beau-frère, le colonel de Tournemine, au sujet des griefs allégués : *Ce n'est pas cela*, lui dit-il, *c'est toute autre chose que je ne veux pas vous dire pour ne pas vous faire de la peine.* Le secret a été bien gardé ; en le dévoilant, toute la honte rejaillissait sur M. Jamet ; qu'il en soit couvert ! car le ciel a permis, après la mort de M. de Broval, qu'une manœuvre aussi odieuse me fût révélée par un de ses amis à qui il l'a confiée. Le hasard m'a encore donné des témoins pour me justifier et confondre mes ennemis.

Lorsque j'avais à toucher à la caisse, je n'y allais jamais moi-même ; j'acquittais le mandat et je le remettais à Etienne, mon garçon de bureau, pour en recevoir le montant.

Il n'y a eu en septembre 1828 qu'*une seule ordonnance en mon nom*, et c'est celle relative aux médecins. Je remis à Etienne, comme d'usage, mon mandat acquitté. Dans le jour, il se présenta plusieurs fois à la caisse, il ne rencontra pas le caissier ; et, à cinq heures du soir, il entra dans mon bureau avec un paquet de billets de banque qu'il déposa à ma place. Je lui montrai ma surprise d'être payé si tard ; il m'apprit que c'était Buchard, garçon de caisse, qui venait de lui apporter ces billets. Je lui demandai s'il les avait comptés ; il me répondit affirmativement, et il m'engagea à les vérifier, ce que je fis tout haut en sa présence et en celle de M. l'abbé Martin de Gymard, chanoine à Cler-mont-Ferrand, qui était venu me voir. *Il n'y avait que le compte juste*. M. l'abbé Martin me plaisanta sur la générosité du prince envers moi, et je lui fis connaître la destination de cette somme. Ce qui se dit alors entre nous m'a fait souvenir cinq ans après qu'il était présent à cette vérification. Je lui ai écrit le 13 décembre 1833; sa réponse en original a été envoyée par moi à la Reine (1). Qu'est devenu le billet glissé parmi les autres pour m'accuser? Il a été volé. Ce n'est pas par Etienne, dont je connais la stricte probité; il est démontré que ce n'est pas par moi. *Scelus cui prodest*.

J'ai fait demander à M. Jamet des explications sur ce piége qui aurait été tendu à ma bonne foi : il l'a nié avec maladresse (2). Les termes dont il se sert prouvent son embarras; mais ce qui le confond, et ce qui ne permet à personne de douter qu'on se soit servi de ce moyen pour persuader au prince que j'avais succombé à cet appas, c'est qu'il a paru cinq jours après une ordonnance, sur le rapport de M. Jamet, qui alloue la somme de mille fr. au caissier, en gratification extraordinaire, *pour le couvrir d'une perte semblable dans un paicment*. Cette ordonnance a été enregistrée dans ma division comme *dépense :* le fait est certain. Jamais le prince n'avait voulu allouer d'erreurs de caisse; elles étaient supportées par le caissier; et tous les ans, lorsqu'il fixait les gratifications, à l'article du caissier il avait l'attention d'ajouter de sa main, *y compris les erreurs de caisse*. Une exception unique dans la comptabilité m'a ouvert les yeux, et m'a convaincu que M. de Broval avait déclaré la vérité.

---

(1) Voir cette lettre aux pièces justificatives, n° 1.
(2) Même observation, n° 2.

Voilà enfin le motif qui a rendu le prince inébranla-
ble dans l'opinion que je l'avais trompé, et pourquoi il
m'a refusé de vous charger de l'examen de ma gestion
et de ma conduite. Sa confiance a été détruite lorsqu'on
lui a perfidement montré ma prétendue infidélité, et lorsqu'on l'a contraint de faire un sacrifice de 1000 fr. Quatorze ans de bons et loyaux services ont été effacés de
sa mémoire; j'en avais reçu cependant des témoignages
honorables dans maintes occasions (1). C'est le prince
qui en 1825 écrivit de sa main au chancelier de France,
que *depuis dix ans* j'occupais une place distinguée dans
son administration, et que j'*en faisais les fonctions de
la manière la plus honorable et la plus digne d'éloges.*
C'est lui qui sollicitait alors pour moi du roi de France
le poste d'intendant de ses ordres. Dix années d'inté-
grité semblaient me défendre contre toute intrigue; je
devais m'attendre du moins à ne pas être jugé légère-
ment et sur de ténébreuses allégations.

Ainsi l'on m'a condamné en me laissant ignorer la
cause de cette condamnation, qui me prive des travaux
de toute ma vie, de mon existence, de mon avenir. C'est
M. Oudard qui a préparé de longue main ma chute en
me calomniant sourdement dans l'esprit du prince; c'est
M. Jamet qui s'est chargé d'administrer la preuve de
culpabilité en déclarant un fait faux, qu'il savait faux,
avec la conviction qu'il produirait le mal désiré et la
presque certitude qu'il ne serait pas dévoilé.

Depuis ma sortie, j'ai été en butte à toutes sortes de
propos calomnieux. Des hommes habilement pervers,
pour faire leur cour et m'accabler, exaltaient tout bas
la bonté, la générosité du prince qui, pouvant écraser
un serviteur infidèle, se contentait de l'éloigner de sa

(1) Voir les pièces justificatives, n° 3.

personne, et l'abandonnait à ses remords après l'avoir démasqué et confondu. Suivant les uns, mes registres avaient été saisis et leur désordre constaté; suivant les autres, j'avais voulu faire un profit énorme sur l'ameublement d'un nouvel appartement : les travaux terminés, j'avais présenté pour le paiement la note de la dépense, s'élevant à 80,000 francs. Le tapissier interrogé par le prince, déclara que le mémoire qu'il m'avait remis, comprenant tout, n'était que de quarante. Ma culpabilité était évidente : je n'avais plus qu'à me courber devant la punition, heureux de n'être que renvoyé! Le prince peut juger, par la fausseté de ces bruits, du mal qu'il me fait et de tout celui qu'il a accrédité par son injuste abandon : ma position est affreuse. Comment combattre une accusation insaisissable, que l'on glisse dans le public et qui fuit quand on veut l'aborder? Une fable est détruite, une autre se reproduit. Pour certaines gens, les choses les plus absurdes ne sont pas les moins vraisemblables.

Lorsqu'un homme est arrêté, on lui cite des faits, on lui montre des témoins, on lui donne des juges. Tout cela m'a été et m'est obstinément refusé; et l'on me condamne sans m'entendre, sans vouloir me faire connaître l'accusateur et l'accusation. *Des explications seraient pénibles, et on trouve moins pénible de frapper un vieux serviteur dont on a si long-temps applaudi les services, que de lui apprendre pourquoi on le frappe.* Ah! si je suis coupable, qu'on le dise avec éclat, et surtout qu'on le prouve !

C'est au château, dont je ne suis point parvenu à vaincre les rigueurs, que je trouve cependant une éclatante justification.

Quelques jours après la révolution de 1830, je rencontrai la reine. Son sourire plein d'une b

marquée me détermina à lui demander une audience :
je l'obtins pour le lendemain. J'allais me plaindre ; elle
m'arrêta.

« Tout est fini, me dit-elle ; *oubliez le passé*. Que
« faut-il maintenant pour vous tirer de peine ? Une
« pension ? vous allez l'avoir. Une place ? demandez-
« moi celle que vous pouvez désirer, et j'agirai jusqu'à
« ce que vous en ayez obtenu une. »

Oubliez le passé ! Ce cri échappé à la reine deux ans
après mon renvoi, lorsque le temps a mûri les preuves, me réhabilite et condamne mes délateurs. C'est à
moi à oublier, car j'ai reçu une injure, et mon cœur est
plein d'amertume.

Des places de référendaire à la Cour des comptes, de
conseiller de préfecture et de juge-de-paix à Paris,
étaient vacantes je fus mis sur les rangs. La reine elle-
même m'indiqua des démarches indispensables : voilà
des marques d'estime, je les préfère à des emplois que
je n'ai pas obtenus. Madame la marquise de Dolomieu
a été chargée récemment encore, de la part de la reine,
de m'en exprimer ses regrets.

Le roi avait donné sa parole. J'étais assuré d'une
pension. M. Lamy, secrétaire des commandements de
S. A. R. Madame Adélaïde, fut chargé de me remettre
1500 fr. pour premier terme. Avant d'accepter, je ré-
clamai un titre, déclarant que je ne recevais pas de secours. Il rendit compte de mon refus, et il revint me
dire, *de la part du roi*, que j'aurais ce titre, mais qu'il
fallait attendre que la liste civile fût fixée. Il ajouta :
*La chose est certaine; car je suis autorisé à recevoir votre
quittance motivée pour à-compte sur la pension allouée
par le roi, laquelle sera réglée après la fixation de la
liste civile.*

Six mois après, en août 1831, je reçus de la même

manière une pareille somme. Il fut évident pour moi que ma pension était arrêtée à 3,000 fr., le quart de mes appointements.

En janvier 1832, la liste civile ayant été fixée, j'attendais avec confiance la décision annoncée, lorque M. Lamy vint m'offrir avec un extrême embarras 1,500 fr., en me disant, *de la part de la reine*, que tous les ans, à la même époque, cette somme me serait très exactement versée. Cette déception inouïe, cette violation d'une parole royale ne peuvent être attribuées qu'à l'influence perfide de M. Oudard, qui par ses fonctions est chargé de préparer le travail sur cette pension, et qui a trouvé le moyen d'y mettre des entraves. Ainsi il a persuadé de transformer en secours annuel de 1,500 fr. une pension de 3,000 fr. J'ai dû repousser ces humiliantes propositions, et ne pas accepter l'aumône des fonds secrets. Ce n'est pas pour moi qu'est humiliant le pain du malheur ! On avoue mes services, on gémit en ma présence sur ma chûte imméritée, et on me refuse, non pas des consolations, mais ce qu'une justice rigoureuse m'accordait. Que vois-je dans toute cette conduite? une fluctuation de volonté qui blesse la dignité et la majesté royales ; on cède par faiblesse à d'astucieuses manœuvres ; on accorde d'une main, on retire de l'autre ; rien n'est sûr, rien n'est sacré. J'ai reçu de la bouche de la reine la promesse d'une pension. Cet engagement m'a été renouvelé à plusieurs reprises de la part du roi et de Madame Adélaïde. Il y a eu un commencement d'exécution, et, quand il s'agit d'en donner le titre, tout s'évanouit. Comment parer à tant de coups imprévus? Comment puis-je faire pour éviter de donner un aliment à cette constante haine? Je n'ai trouvé rien de mieux que de m'adresser aux hommes honorables qui

composent le conseil, qui méritent à juste titre la plus
grande confiance et qui peuvent, par leurs représenta-
tions équitables, m'obtenir ou des juges, si l'on me croit
coupable, ou l'exécution de la promesse qu'on m'a faite,
qui est l'acquit d'une dette sacrée. Si, malgré mes récla-
mations, je ne suis point écouté, je laisserai à mes accu-
sateurs le poids de leurs mauvaises actions, et j'aurai,
pour me consoler, l'opinion publique, et avant tout une
conscience sans reproche.

Je suis avec respect,

Messieurs,

Votre très humble et très obéissant
serviteur,

Pascalis,

*ancien Directeur des dépenses de
M. le duc d'Orléans.*

Paris, ce 19 mai 1834.

PIÈCES JUSTIFICATIVES.

N° 1.

Lettre de M. l'abbé Martin de Gymard, ancien aumônier du deuxième régiment d'infanterie de la garde royale, chanoine honoraire à Clermont-Ferrand.

Clermont-Ferrant, le 15 décembre 1833.

Vous me demandez, monsieur et cher ami, si je me rappelle de la visite que je vous fis le 29 ou 30 septembre 1828, vers les cinq heures du soir, devant partir pour Rouen le lendemain pour m'y réunir avec mon régiment. Je me rappelle qu'étant seul avec vous dans votre bureau, votre grand garçon de bureau, que vous appeliez, je crois, Etienne, vous porta un paquet de billets de banque, que vous comptâtes et mîtes dans un tiroir, en disant : *c'est juste.* Je vous fis même quelques plaisanteries, et vous me dîtes que ces billets n'étaient pas pour vous, que vous deviez les remettre à des médecins qui avaient soigné un des jeunes princes : je crois même que vous me dites qu'il était mort. Voilà, mon cher ami, tout ce dont je me rappelle et que je puis attester.

Veuillez me rappeler au souvenir de madame Pascalis. J'espère que sa santé se raffermira. Soyez assurés, l'un et l'autre, de mon sincère attachement.

L'abbé MARTIN DE GYMARD.

N° 2.

*A M. Jamet, ancien receveur-général de monseigneur le duc
d'Orléans, aujourd'hui trésorier de la liste civile.*

Paris, ce 15 février 1834.

Je vous ai fait connaître, monsieur, que quelque temps avant de
mourir, M. de Broval a déclaré à un de ses amis qui mérite toute confiance, et qui m'en a informé le 11 décembre dernier, que *le véritable
motif de ma disgrâce était d'avoir fait mon profit d'un billet de banque
de 1000 fr., qui avait été glissé à dessein, pour éprouver ma probité,
dans un paiement de plusieurs mille francs qu'on m'a fait à la caisse
de S. A. R. vers la fin du mois de septembre 1828; quinze jours avant
mon éloignement.*

J'ai dû rechercher alors dans quelle circonstance on aurait pu trouver
l'occasion de m'inculper ainsi, et je me suis souvenu qu'une ordonnance
du prince du 24 septembre mettait à ma disposition (et c'est la seule
qu'il y ait eu) la somme de 6 à 7,000 francs pour être distribuées aux
médecins et pharmaciens qui avaient soigné et ensuite embaumé le corps
du jeune duc de Penthièvre. Je me suis souvenu aussi que je remis le
mandat de cette somme avec ma quittance à Etienne, mon garçon de
bureau, pour aller en toucher le montant à la caisse; qu'il s'y présenta
plusieurs fois dans le jour sans rencontrer M. Bichet fils, et qu'enfin
ce ne fut qu'à cinq heures du soir (la caisse ayant été fermée à trois,
comme d'usage) qu'Etienne m'apporta un petit paquet de billets de banque, en me disant que c'était l'argent qu'il venait de recevoir de Buchard, garçon de caisse. Etienne avait vérifié le nombre et la valeur de
ces billets en les échangeant contre ma quittance; je les vérifiai de même
en sa présence et en celle d'un respectable ecclésiastique qui se trouvait
dans mon bureau, *et il n'y avait que le compte juste.* J'écrivis le 13 dé-

cembre dernier à ce digne prêtre, âgé de soixante-dix ans, qui est chanoine à Clermont, pour lui demander s'il en avait souvenir, et sa réponse en original, qui a été mise sous les yeux de S. M., ne laisse aucun doute sur la véracité de ce fait.

Je me suis adressé à M. Bichet fils, caissier, pour savoir s'il était instruit de ce piège, et s'il y avait pris part. Il a été révolté comme doit l'être un honnête homme du soupçon que j'avais; et sur la demande qui lui a été faite, il s'est empressé de mettre au bas d'une note qui est conforme aux lignes que j'ai soulignées au 1er paragraphe de cette lettre : « Je déclare n'avoir jamais eu connaissance de ce dont il est ques« tion dans la note ci-dessus, relativement à M. Pascalis, et je suis con« vaincu que jamais pareille chose ne m'aurait été demandée par M. de « Broval. 	« *Signé* BICHET. »

C'est positif et franc ; aussi je crois que ce n'est pas à lui qu'on doit attribuer cette manœuvre.

Puisque ce n'était pas le caissier, il a fallu m'adresser au receveur-général, c'était forcément l'un des deux. Alors je priai ma belle-sœur et mon neveu de venir vous demander des renseignements et une déclaration signée. Vous avez nommé *infâme* celui qui se serait prêté à une pareille action ; vous avez donné votre parole d'honneur que cela n'était pas ; et lorsqu'on vous a demandé une attestation écrite, *vous avez désiré vingt-quatre heures de réflexion*, et ce n'est qu'au bout de cinq jours qu'on l'a eue ; encore avez-vous exigé, avant de signer, qu'on vous en donnât une copie certifiée, de peur qu'il n'y fût changé un mot. Comme j'ai à la combattre, je vais la reproduire :

« À cela je pourrais répondre seulement que je n'étais point dépo« sitaire de deniers ; que l'argent était entre les mains du caissier, par « qui seul les paiements étaient effectués. Mais, pour rendre hommage « à la vérité, je dois en outre déclarer qu'au moins, en ce qui me con« cerne, rien dans ce récit n'est vrai, que même je le crois faussement « attribué à M. de Broval, et que jamais en aucune circonstance je n'ai « entendu citer ce fait au nombre des griefs qu'on reprochait à M. Pas« calis.

« *Signé* JAMET. »

Vous avez été si embarrassé pour faire cette déclaration, que, malgré tout le temps que vous avez pris, vous repoussez cette action avec une bien grande maladresse. Comment pourriez-vous répondre que vous n'étiez pas dépositaire de deniers? vous oubliez que vous parlez à quelqu'un en état de soutenir le contraire et de le prouver. J'étais, en qualité de collègue, dans une position à connaître toute l'étendue de vos attributions, qui prirent de l'accroissement le jour où vous fûtes nommé receveur-général. Vous devîntes alors seul comptable; vous fîtes faire et sceller, dans une armoire de votre bureau, un coffre-fort pour y déposer les fonds, tant en traites qu'en billets de banque, dont M. de Broval avait été dépositaire jusque-là, et qu'il vous remit. Comme vous connaissiez d'avance les besoins du caissier placé sous vos ordres, vous lui donniez à mesure les fonds qui étaient nécessaires pour acquitter les dépenses. Enfin c'était vous qui étiez responsable et dépositaire de plusieurs millions en diverses valeurs.

Vous avez donc pu prendre dans votre caisse, à cinq heures du soir, l'argent que vous m'avez envoyé par Buchard, et le faire inscrire le lendemain sur le registre de caisse de M. Bichet, en lui disant que vous m'aviez fait payer la veille. Y avez-vous joint le billet de plus? C'est ce que vous ne direz pas : mais c'est cependant ce que vous avez affirmé au Prince, car peu à peu nous arriverons à des faits qui mettront au jour la vérité. Ainsi vous étiez dépositaire de deniers, et vous mentiriez en disant le contraire.

Vous dites ensuite: *au moins en ce qui me concerne, rien dans ce récit n'est vrai.* Il semblerait que cela en concerne un autre que vous connaissez. Expliquez-vous; car si ce n'est ni vous, ni M. Bichet, il y aurait donc un autre agent qui serait le provocateur.

Enfin vous terminez par cette maladresse : *Jamais en aucune circonstance je n'ai entendu citer ce fait au nombre des griefs qu'on reprochait à M. Pascalis.* Si ce fait a eu lieu, c'est à la caisse du Prince. Par qui auriez-vous pu l'entendre citer? par M. Bichet? par vous? Auriez-vous osé l'avouer et le citer tout haut? pas plus qu'aujourd'hui. Tout cas honteux est reniable.

Si je n'avais que ces simples réfutations, vous vous croiriez à l'abri de toute atteinte, en niant, en donnant votre parole d'honneur et cette attestation maladroite; mais voici un fait qui met à nu la vérité, et qui vous écrase de tout son poids.

C'est dans les derniers jours de septembre que j'ai reçu les fonds pour les médecins, et il m'est parvenu, vers le 4 octobre, une ordonnance datée du 3o septembre, par laquelle le Prince, sur votre rapport, alloue une somme de mille francs au caissier, en gratification extraordinaire, *pour le couvrir d'une perte semblable dans un paiement.* J'ai fait enregistrer cette ordonnance dans ma division comme dépense ; c'est un fait certain, et que je peux prouver. Que dites-vous, monsieur, de cette coïncidence qui se rapporte si juste, et pour la somme et pour l'époque, avec l'aveu de M. de Broval ? C'est d'autant plus évident, que vous savez comme moi que le Prince n'a jamais voulu admettre des erreurs de caisse, et qu'il profitait de l'époque des gratifications annuelles accordées à tous, pour ajouter de sa main à l'article du caissier, *y compris les erreurs de caisse.* Cependant, dans cette *unique* occasion, cela n'a fait aucune difficulté. Vous lui avez persuadé que le piége avait été tendu, que j'y avais succombé, et il a signé une ordonnance pour vous restituer. Qu'y a-t-il de plus clair et de plus positif ? Cette ordonnance est la plus grande conviction pour moi, comme elle le sera pour tous ceux qui connaissent la rigide administration du Prince.

Expliquez-moi donc aussi, puisque j'apprends que c'est sur votre rapport que j'ai perdu ma place, quelle en est la cause réelle. Le Prince a dit au colonel de Tournemine, mon beau-frère, deux mois après ma sortie, lorsque celui-ci voulut parler des griefs allégués : *J'avoue que ce n'est pas là le motif ; je ne veux pas vous dire ce que c'est, cela vous ferait trop de peine.* Pour m'ôter ma place, j'ai été accusé d'infidélité : on a pris pour prétexte des faits absurdes, insignifians, on a caché avec soin celui qui avait déterminé cette injuste mesure ; par là, toute justification m'a été interdite. Depuis lors mes prières, mes vives instances n'ont obtenu aucun éclaircissement.

Enfin, c'est après cinq ans de douleurs amères que la Providence permet la révélation de ce piège infernal, dont vous avez été l'auteur ou l'instrument.

Vous avez dit à ma belle-sœur qu'en bon camarade, lorsque vous aviez été chargé de vérifier mes opérations, vous étiez venu m'en avertir et me dire : *Si vous avez quelque chose qui ne soit pas bien, dites-le au Prince ; il est bon, et cela s'arrangera.* Il est fâcheux que je sois encore forcé de vous dire que c'est un mensonge. Vous étiez trop charmé de m'éloigner pour montrer la moindre bienveillance : mais sans éprouver ce sentiment, si vous aviez eu de simples égards, vous n'auriez rien fait dans l'ombre, vous n'auriez rendu aucun compte sans me dire :

voilà ce que je découvre, ce que je ne comprends pas; donnez-moi des explications. Vous n'auriez pas, dans les deux affaires qui ont servi de prétexte pour m'ôter ma place, reçu sur la première une déclaration par une femme de mauvaise foi, sans me mettre en présence, sans me la communiquer, enfin sans me demander les pièces justificatives que j'avais en main; et sur la seconde, vous n'auriez pas interprété à votre guise le mot *travers* aperçu en marge du procès-verbal d'adjudication du buste de Henri IV (1) : vous vous seriez informé au commissaire-priseur de ce qu'il signifiait, avant de supposer une infamie et de me l'attribuer; enfin, quelques jours après ma sortie, vous n'auriez pas célébré votre triomphe dans un dîner où vous et M. Oudard ne pouviez contenir votre joie.

Vous avez dit aussi que vous aviez fait un rapport au conseil avant l'ordonnance qui a supprimé ma place. C'est encore un fait faux : le conseil, composé de magistrats honorables, aurait demandé à m'entendre, et ne se serait pas prononcé sans connaître mes moyens de défense. J'ai constamment sollicité le renvoi au conseil, le Prince s'y est toujours refusé; et maintenant je reconnais qu'étant imbu de l'action indigne que vous m'avez attribuée, et qui lui faisait perdre mille francs, il a agi avec conséquence en ne voulant pas l'intervention du conseil, car il était certain que je me justifierais des griefs allégués; et comme on n'aurait pas pu avouer sans honte ce piège, auquel vous avez dit que je m'étais pris, on aurait été obligé de me réintégrer ou de se montrer évidemment injuste.

Si ce n'est pas là le vrai motif, dites-moi donc alors, vous qui avez fait l'instruction, le rapport, qui avez dirigé la décision et qui avez été chargé de l'exécution, quelle est la cause que le Prince n'a pas voulu dire à mon beau-frère pour ne pas lui faire de la peine, et qui m'a perdu dans son esprit. Je vous mets au défi.

Je conclus. C'est vous qui avez fait le mal; c'est à vous à le réparer aujourd'hui, autant qu'il dépend de vous. Veuillez user de votre influence pour détromper le roi de l'injuste opinion qu'il a de moi; dé-

---

(1) Ce buste fut adjugé à M. Lafontaine, qui demeure rue Traversière. Le commis n'écrivit à côté du nom que les deux premières syllabes *Travers.*, pour distinguer des autres Lafontaine celui qui était adjudicataire. MM. Jamet et Oudard ont persuadé au prince que ce mot *travers* était un terme d'argot qui prouvait une friponnerie. Quelle absurdité!

clarez-lui la vérité sur les mille francs qui ne sont pas venus dans mes mains, et obtenez de sa justice qu'il me soit accordé, pour mes bons et anciens services, la pension à laquelle la suppression de ma place me donnait droit. Un refus de votre part, ou le silence que vous garderiez à cette lettre, me mettrait dans l'obligation de vous poursuivre sans ménagement au tribunal de l'opinion publique.

Signé PASCALIS,
ancien directeur des dépenses
de M. le duc d'Orléans.

Nº 3.

Lettre autographe de monseigneur le duc d'Orléans, aujourd'hui roi des Français, à M. Dambray, chancelier de France.

Vous m'avez toujours témoigné tant d'obligeance, M. le chancelier, que mon aversion pour toute espèce de recommandation cède à la confiance que vous m'inspirez autant qu'au désir d'obliger quelqu'un qui occupe depuis dix ans une place distinguée dans mon administration, et qui en fait les fonctions de la manière la plus honorable et la plus digne d'éloges. M. Pascalis, qui est celui dont je viens de vous entretenir, m'assure que le roi va créer une place d'intendant de ses ordres, et désire vivement l'obtenir. Je ne sais à cet égard que ce qu'il m'a dit. S'il avait été induit en erreur, je vous demanderais seulement de me le dire, et de considérer tout ceci comme non avenu; mais s'il entre effectivement dans les vues du Roi de créer cette place, permettez-moi de vous exprimer l'intérêt que je porte à M. Pascalis, et de le recommander à vos bontés. C'est de tout mon cœur, M. le chancelier, que je profite de toutes les occasions pour vous renouveler l'assurance de toute ma considération et celle des sentiments avec lesquels je vous suis parfaitement attaché.

LOUIS-PHILIPPE D'ORLÉANS.

Neuilly, ce mercredi 14 septembre 1825.

IMPRIMERIE DE POUSSIELGUE, RUE DU CROISSANT, 12.

BIBLIOTHÈQUE

www.ingramcontent.com/pod-product-compliance
Lightning Source LLC
LaVergne TN
LVHW021455060726
842527LV00006B/2244